ROMAM ODIT

A LATIN NOVELLA
BY
ANDREW OLIMPI

Comprehensible
Classics
VOL. 14

Comprehensible Classics Press
Dacula, GA

Lars Romam Odit
(Lars Hates Rome)

A Latin Novella

by Andrew Olimpi

Series: Comprehensible Classics #14

Comprehensible Classics Press
Dacula, GA

First Edition: May 2020

Cover painting and design by Andrew Olimpi

Text and illustrations © 2020 by Andrew Olimpi

All rights reserved
No part of this book may be reproduced or transmitted in any form or by any means, electronic or mechanical, including photocopying, recording, or by information storage or retrieval system, without express written consent from the author.

ISBN: 9798627942636

tale a me tibi super hoc traditur consilium: ut per rivolus, et non statim in mare, eligas introire; quia per facilia ad difficilia oportet devenire

"Concerning this I hand over to you this plan of study: that you chose to enter through a little stream, and not immediately plunge into the ocean; because it is necessary to arrive at the difficult places through easy paths."

St. Thomas Aquinas
letter to Brother John
"de modo studiendi"

About the author

Andrew Olimpi lives in Dacula, Georgia with Rebekah, his beautiful and talented wife, and his son Ransom, a rambunctious toddler and future Classics scholar (probably). When he is not writing and illustrating books, Andrew teaches Latin in Dacula, Georgia. He holds a master's degree in Latin from the University of Georgia, and currently is working on a PhD in Latin and Roman Studies at the University of Florida. He is the creator of the Comprehensible Classics series of Latin novellas aimed at beginner and intermediate readers of Latin.

Author's Preface

Readers of this novella looking for rigorous fidelity to historical sources and recent Classical scholarship are probably going to be a bit disappointed with what they find here. Readers looking for a humorous and easy-to-read Latin novella which is very loosely based on some stories from Livy Book II may find more here to enjoy. These stories have been staples of my Latin program for years, and it is surprising to me that it took so long for them to come together into a novella. The flash of inspiration came when I was reading Livy's original version and noticed how Lars Porsenna and the Etruscans made a neat literary foil for the up-and-coming Romans; after that rest of the book came together quite easily. I do however owe a great debt to authors who blazed the trail before me. It would be an act of inexcusable neglegance on my part to not mention the debt I owe to the wonderful Latin novella *Cloelia* by Ellie Arnold as well as Jesse Craft's delightful "Horatius Cocles" video in the Magister Craft Youtube video series. Both works have served as models and inspiration to many authors trying to create accessible texts for their students.

As with my previous novellas, my goal is to reimagine a few famous myths in straight-forward Latin that is accessible to students in their first or second year of Latin. I do not wish to write a volume that they can easily *translate* or *decode*, but rather one that they can actually *read* fluently, processing the Latin as Latin instead of slowly puzzling through it. Be advised though that this volume makes frequent use of repetition, though hopefully not so much that it gets in the way of enjoying the plot. I also have heavity sheltered the vocabulary but have not sheltered the grammar. In doing so I have given no regard to the artificial grammatical sequencing common in Latin textbooks, nor is the text "graded" in any way (i.e. increasing in syntactical complexity as the reader progresses). My main goal in writing this novella was to tell a good story accessible to readers with low reading proficiency, so that novice readers can begin reading extended narratives independently in their first year of study.

To make this volume more accessible to novice Latin readers I made extensive use of cognates. This is the custom in many beginning Spanish or French novellas written for a similar audience, and I have found in the classroom that use of such cognates helps give novice readers an early foothold in the language—as well as really opening new directions for the story to go.

So, what makes this novella different that, say, the average version of the myth found in a Latin textbook? Guided by language acquisition research, I tried to keep the following principles in mind as I wrote:

(1) I frequently employed word-order deliberately similar to modern language word-order to clear up ambiguities (while trying to stay within the bounds of good *Latinitas*).

(2) I also strived to keep my sentences short. I have not "sheltered" grammatical elements, but rather have employed whatever verbs, nouns, or turns of phrase are most clear and vivd in the moment.

(3) I did shelter the vocabulary. The novella comprises a total of 3800 words, but uses less than 160 unique words, around 45 of which are (fairly) transparent cognates. This word count does not include names or new words and/or phrases established in the text through English glosses or pictures. It also shares a high percentage of vocabulary with my other beginner novellas.

(4) I also provided generous vocabulary help throughout the text, establishing meaning though pictures and footnotes. At all times, I wanted to err on the side of *comprehensibility*.

I would like to thank the Latin students in my 2018-19 classes for test reading an early version of the present text, and especially my Latin III students who gave me useful ideas for improvement. Many thanks also to Dan Stoa for his careful reading of an earlier draft and helpful suggestions. And as always, this novella would be much inferior without the careful, editor eye of Lance Piantaggini.

        Andrew Olimpi
        Dacula, GA, 2020

ABOUT THE SERIES:

Comprehensible Classics is a series of Latin novels for beginning and intermediate learners of Latin. The books are especially designed for use in a Latin classroom which focuses on communication and Comprehensible Input (rather than traditional grammar-based instruction). However, they certainly are useful in any Latin classroom, and could even provide independent learners of Latin interesting and highly readable material for self-study.

Filia Regis et Monstrum Horribile
Comprehensible Classics #1:
Level: Beginner

Perseus et Rex Malus
Comprehensible Classics #2:
Puer Ex Seripho, Vol. 1
Level: Intermediate

Perseus et Medusa
Comprehensible Classics #3:
Puer Ex Seripho, Vol. 2
Level: Intermediate

Via Periculosa
Comprehensible Classics #4
Level: Beginner-Intermediate

Familia Mala: Saturnus et Iuppiter
Comprehensible Classics #5
Level: Beginner

Labyrinthus
Comprehensible Classics #6
Level: Beginner

Ego, Polyphemus
Comprehensible Classics: #7
Level: Beginner

Daedalus et Icarus: A Tiered Latin Reader
Comprehensible Classics #8
Level: Advanced

Duo Fratres (Familia Mala II)
Comprehensible Classics #9
Level: Beginner

Pandora (Familia Mala III)
Comprehensible Classics #10
Level: Beginner

The Mysterious Traveler: A Medieval Play about St. Nicholas: A Tiered Reader
Comprehensible Classics #11
Level: Advanced

Reckless Love: The Story of Pyramus and Thisbe
A Tiered Latin Reader
Comprehensible Classics #12
Level: Advanced

Vox in Tenebris
Comprehensible Classics #13
Level: Intermediate

Lars Romam Odit
Comprehensible Classics #14
Level: Beginner

UPCOMING TITLES:
(Subject to Change)

Eques Viridis (Volumes I and II)

Io Puella Fortis: A Latin Novella

Capitulum I

nubēs

ecce turris.

turris est magna. turris est in urbe Clūsiō. Clūsium est urbs magna in Ītaliā antīquā.

in turrī est rēx.
rēx vocātur
Lārs Porsena.

Lārs est rēx **Etrūscus**.[1] multī Etrūscī in Ītaliā habitant.

ecce rēx in turrī.

rēx est ānxius! cūr est rēx ānxius?

rēx: "ecce **nūbēs**.[2] nūbēs est magna et immēnsa . . .

et horrifica!"

prope rēgem est vir.

vir vocātur Titus. Titus est **scrība**[3] rēgis.

---

[1] Etruscus: *Etruscan (The Etruscans were ancient inhabitants of Italy)*
[2] nubes: *cloud*
[3] scriba: *scribe*

Titus: "cūr est nūbēs horrifica? sunt multae nūbēs in caelō! nūbēs nōn sunt horrificae."

Lārs: "ecce nūbēs nōn est in caelō, sed in terrā est. ego nūbem timeō. nūbēs est magna et rapida. nūbēs magna ad urbem meam rapidē currit!

"nōn est nūbēs nātūrālis!"

Titus cūriōsus est et nūbem īnspectat.

Lārs: "quid est nūbēs, ō Tite?

"**sitne**[4] mōnstrum?"

---

[4] sitne: *could it be . . . ?*

Titus: "ego nōn putō nūbem esse mōnstrum."

Lārs:

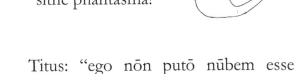

"sitne phantasma?"

Titus: "ego nōn putō nūbem esse phantasma. putō nūbem esse **exercitum**.[5]"

Lārs: "exercitum? exercitus ad urbem rapidē currit? sitne exercitus amīcus an hostīlis?"

nunc nūbēs est prope urbem. rēx multōs virōs in nūbe videt. rēx putat virōs esse exercitum hostīlem!

---

[5] exercitum: *an army*

Titus vult investīgāre nūbem. Titus currit ex turrī ad nūbem investīgandam.

rēx est ānxius.

Capitulum II

rēx aliēnus

rēx Lars omnia spectat. est ānxius.

in terrā prope turrim stat exercitus. in exercitū sunt multī **mīlitēs**.[6] mīlitēs sunt fortēs. mīlitēs sunt **aliēnī**![7]

prope exercitum
est vir magnus
et splendidus.

---

[6] milites: *soldiers*
[7] alieni: *foreign*

in capite virī
est corōna
splendida.

Lars: "est rēx aliēnus! rēx est fortis! corōna rēgis est splendida! sitne rēx amīcus an hostīlis?"

Lars ānxius spectat. Titus et rēx aliēnus loquuntur. mīlitēs stant immōbilēs. Lars stat in turrī et spectat. Lars nōn potest audīre **colloquium**[8].

subitō rēx aliēnus ad turrim it.

Lars:

"ēheu! rēx hostīlis vult **intrāre**[9] turrim meam!"

---

[8] colloquium: *the conversation*
[9] intrare: *to enter*

Lars est timidus. Lars rēgem aliēnum timet! Lars putat rēgem esse hostīlem!

subitō Lars sonum audit.

iānua turris sonum facit. **aliquis**[10] aperit iānuam turris!

"ēheu!" inquit Lars, "rēx hostīlis iānuam aperuit! rēx vult intrāre turrim! vult mē **interficere**![11]"

rapidē Lars ad columnam currit.

Lars post columnam stat. timidus est.

---

[10] aliquis: *someone, somebody*
[11] interficere: *to kill*

subitō Lars audit
sonum malum.

tap . . . tap . . . tap . . .

Lars putat:

"ēheu!

rēx aliēnus turrim ascendit! mox rēx aliēnus ascendet ad **summam**[12] turrim! mox rēx aliēnus mē interficiet!"

subitō Lars **cōnsilium capit!**[13]

---

[12] summam: *the top of*
[13] consilium capit: *seizes a plan, adopts a plan, has an idea*

Lars: "multōs cūstōdēs habeō! cūstōdēs meī sunt fortēs! cūstōdēs mē dēfendent!"

Lars cūstōdēs clamat:

"ō cūstōdēs! ō cūstōdēs! venīte et mē dēfendite!"

Lars autem nōn potest facere sonum magnum. Lars est timidus. vōx ēius nōn est magna, sed parva.

Lars parvā vōce clamat:

"cūstōdēs . . .

cūstōdēs . . ."

Lars parvā vōce clamat et clamat. cūstōdēs parvam vōcem nōn audiunt.

subitō Lars sonum *horrificum* audit.

LARS ROMAM ODIT

iānua lentē aperītur . . .

. . . et facit sonum horrificum:

creeeeeeeeeeeeeeeak . . .

Lars sonum timet et ānxius iānuam spectat. iānua aperta est . . .

et ad iānuam stat . . .

. . . figūra magna et horrifica!

est rēx aliēnus.
in capite virī
est corōna.

Lars: *est rēx aliēnus!*
rēx est hostīlis!
rēx vult mē interficere!

rēx Lars
oculōs claudit.

Capitulum III

amīcus

rēx aliēnus: "ō rēx Lars! ubi es?"

rēx Lars immōbilis stat post columnam. rēx aliēnus Larem nōn videt.

Titus scrība stat prope rēgem aliēnum. Titus est ānxius. Titus nescit ubi rēx Lars sit.

rēx aliēnus: "ō Tite, ubi est rēx? tū dīxistī rēgem esse in turrī. ego nōn videō rēgem in turrī!"

subitō Titus videt rēgem Larem post columnam.

Titus gaudet.

Titus (magnā vōce): "UBI SIT RĒX? rēx Lars est *fortis*! rēx Lars nōn timet rēgem aliēnum. rēx aliēnus est *amīcus*!"

Lars: *quid dīxit Titus? rēx aliēnus est amīcus?*

Lars gaudet. subitō Lars rapidē currit ad rēgem et Titum.

Lars: "salvē, ō rēx! sum Lars!"

rēx vocātur Tarquinius. Tarquinius est rēx urbis Rōmae.

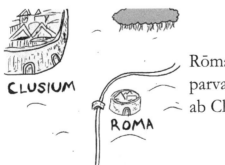

Rōma est urbs parva nōn longē ab Clūsiō.

Tarquinius: "ō Lars, Clūsium est urbs bona et magna et splendida! urbs Rōma nōn est magna et splendida **sīcut**[14] Clūsium!

Lars: "vīsne tū vidēre urbem meam?"

Tarquinius: "certē! volō vidēre omnia! ego audīvī urbem Clūsium esse pulchram, ō amīce!"

Lars gaudet!

Tarquinius dīxit Clūsium esse urbem pulchram. Tarquinius dīxit sē esse amīcum mihi!

Titus, scrība meus, est amīcus mihi.

nunc rēx Tarquinius quoque est amīcus mihi!

nunc habeō duōs *amīcōs!*

---

[14] sicut: *like*

Capitulum IV

"amātisne mē?"

Lars et Tarquinius in campō sunt. campus est magnus. campus magnus est prope urbem Clusium.

in campō est
exercitus urbis Clūsiī.

Lars: "ō Tarquinī, ecce exercitus meus."

in exercitū sunt multī mīlitēs Etruscī. mīlitēs Etruscī sunt fortēs et magnī.

Lars: "ō mīlitēs, amātisne mē?"

magnā vōce mīlitēs omnēs respondent: "**nōs**[15] omnēs tē amāmus, ō rēx!"

Tarquinius mīlitēs audit et est attonitus.

Tarquinius: "mīlitēs tuī tē amant. mīlitēs Rōmānī mē nōn amant."

Lars gaudet. mīlitēs Etrūscī eum amant. mīlitēs Etrūscī sunt fortiōrēs quam mīlitēs Rōmānī.

Lars et Tarquinius ad urbem eunt. in mediā urbe sunt cīvēs.

Lars: "ō Tarquinī, ecce cīvēs urbis Clūsiī!"

---

[15] nos: *we*

urbs Clūsium est magna. multī cīvēs sunt in urbe.

Lars: "ō cīvēs Etruscī, amātisne mē?"

est silentium.

cīvēs Etruscī nōn respondent. est silentium longum.

Lars: "hahahae! cīvēs mē nōn audiunt."

Lars magnā vōce clāmat: "amātisne mē, ō cīvēs?"

cīvēs sunt timidī et nōn respondent.

Tarquinius: "ō rēx, cūr cīvēs nōn respondent?"

Lars īrātus est.

LARS ROMAM ODIT

Lars clāmat: "mīlitēs! mīlitēs! venīte hūc!" subitō sunt multī mīlitēs in urbe. mīlitēs gladiōs habent.

gladiī mīlitum sunt magnī et longī.

Lars: "ō cīvēs urbis Clūsiī, amātisne mē? SUM RĒX!"

cīvēs gladiōs mīlitum vident . . .

. . . et timent.

cīvēs magnā vōce respondent:

rēx Lars gaudet!

Lars: "ō amīce Tarquinī, omnēs cīvēs Clūsiī mē amant!"

Capitulum V

corōna

nunc Lars et Tarquinius sunt in turrī.

in turrī est pecūnia rēgis.

Lars: "ecce pecūnia mea! ego pecūniam meam amō! sum rēx et multum pecūniae habeō!"

prope pecūniam stat Titus.

Titus pecūniam rēgis cūstōdit.

Lars: "ecce Titus! Titus est scrība meus . . . et amīcus meus! ecce **vestēs**[16] Titī."

Titus vestēs purpureās et pulchrās **gerit.**[17]

Lars: "vestēs Titī sunt similēs vestibus meīs! ego dedī Titō vestēs purpureās et splendidās. nunc ego et Titus gerimus **eāsdem vestēs!**[18]"

Tarquinius: "tū es rēx bonus et generōsus!"

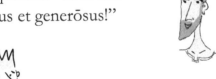

Lars: "ecce corōnae meae!

[16] vestes: *clothes*
[17] gerit: *wears*
[18] easdem vestes: *the same clothes*

LARS ROMAM ODIT

multās corōnās habeō. magnās corōnās habeō, et parvās corōnās!

maximās corōnās habeō!

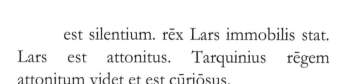

et minimās corōnās..."

    est silentium. rēx Lars immobilis stat. Lars est attonitus. Tarquinius rēgem attonitum videt et est cūriōsus.

    Tarquinius: "ō Lars, cūr es tū silēns? cūr es tū attonitus?"

Lars: "ubi est minima corōna? *ubi est?*"

Titus est attonitus! Titus est cūstōs bonus, sed corōnam nōn videt.

Lars: "corōna mea est . . . corōna mea est . . ."

Titus ānxius est. Titus nescit ubi sit corōna!

Lars: "CORŌNA MEA EST CAPTA! erat **fūr**[19] in turrī meā!"

Titus: "impossibile est, ō rēx. ego sum custōs bonus! fūr nōn potest turrim intrāre! fūr nōn potest corōnam capere!"

---

[19] fur: *thieves*

Lars: "est possible! fūr malus turrim meam intrāvit . . . et . . . et . . . corōnam meam cēpit! mīlitēs! mīlitēs!"

subitō trēs mīlitēs turrim intrant. mīlitēs magnōs gladiōs habent.

Lars:

"mīlitēs! erat fūr in turrī! fūr corōnam meam cēpit!"

Capitulum VI

quis est fūr?

mīlitēs turrim investīgant. ūnus mīles Titum capit.

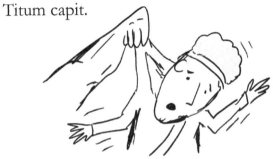

mīles: "ō rēx, fūrem habeō!"

Titus: "rīdiculum est! nōn sum fūr! sum cūstōs! sum scrība rēgis!"

mīles: "fūr corōnam habet! corōna erat in vestibus ēius!"

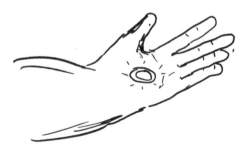

in manū mīles corōnam minimam habet. corōna erat in vestibus Titī.

rēx: "Titus est fūr? sed Titus est scrība meus . . . et amīcus meus!"

Titus: "nōn sum fūr! innocēns sum!"

rēx: "cūr erat corōna mea in vestibus tuīs?"

Titus: "**nesciō**[20] cūr corōna esset in vestibus meīs! nesciō quis poneret corōnam in vestibus meīs! ego corōnam nōn cēpī! ego sum cūstōs bonus!"

Lars: "ō mīlitēs, Titus est fūr."
Tarquinius est attonitus. Titus est attonitus! mīlitēs ad Titum eunt cum longīs gladiīs.

---
[20] nescio: *I don't know*

Titus: "minimē! minimē! nōlī mē interficere! nōlī mē interficere! innocēns sum! nōn sum fūr!"

subitō rēx Lars gaudet.

Lars: "hahahae! ō mīlitēs, nōlīte inteficere amīcum meum! hahahae! est **iocum**[21]!"

Titus: "iocum?! iocum est?"

Tarquinius: "iocum est?"

Lars: "certē, iocum est. iocum meum est bonum! ecce in vestibus Titī est nōmen."

mīlitēs vestēs Titī investīgant. in vestibus est nōmen parvum.

in vestibus īnscrīptum est:

---

[21] iocum: *a joke*

Lars: "ecce nōmen meum est in vestibus! vestēs sunt meae!"

mīlitēs vestēs rēgis investīgant. in vestibus rēgis insciptum est:

Lars: "hahahae! Titus nōn est fūr. Titus nōn posuit corōnam in vestibus. ego posuī corōnam in vestibus! Titus vestēs meās gerit et ego vestēs Titī gerō! est iocum bonum."

Lars **rīdet**.[22] Tarquinius rīdet. mīlitēs rīdent. Titus nōn rīdet.

Titus nōn putat iocum esse bonum.

---

[22] ridet: *laughs*

Capitulum VII

Rōmānī

Tarquinius: "ō rēx, Clūsium est urbs magna et splendida. omnēs tē amant!

mīlitēs tē amant!

cīvēs tē amant.

"ego sciō tē esse rēgem bonum! sed ego ... ego ... difficultātem habeō."

Lars: "difficultātem, ō amīce? quid est difficultās?"

Tarquinius: "urbs mea, Rōma, est parva.

"et cīvēs Rōmānī mē nōn amant. cīvēs mē **ōdērunt**![23]"

Lars est attonitus ...

---

[23] oderunt: *hate*

Lars: "rīdiculum! cīvēs tē ōdērunt? cīvēs sunt stultī et absurdī! tū es rēx fortis et bonus!"

Tarquinius: "nunc nōn sum rēx, ō Lars. ego et familia mea Rōmā fūgimus."

Lars: "ō horrōrem! quis **administrat**[24] urbem Rōmam?"

Tarquinius: "duo **cōnsulēs**[25] Rōmam administrant."

Lars: "*duo* cōnsulēs Rōmam administrant? DUO?!"

---

[24] administrat: *to govern, be in charge of*
[25] consules: *consuls*

Tarquinius: "certē, duo cōnsulēs ēlēctī sunt."

Lars: "quis duōs cōnsulēs **ēligit**[26]?"

Tarquinius: "cīvēs Rōmānī duōs cōnsulēs ēligunt . . . **quot annīs!**[27]"

Lars: "quot annīs?! ridiculum est! absurdum est!

"cōnsulēs ūnum annum Rōmam administrant?! ūnus annus nōn est longus.

"cīvēs *ēligunt* cōnsulēs. . . sed cīvēs Rōmānī sunt stultī et absurdī . . . ego nōlō administrāre Clusium *ūnum annum*. ego volō administrāre Clusium multōs et multōs et *multōs* annōs. . ."

Tarquinius: "Rōmānī volunt interficere mē et familiam meam. o rēx Lars, defende mē et familiam meam!

---

[26] eligit: *choose, elect*
[27] quot annis: *every year*

Lars: "certē, ō Tarquinī! tū es Etruscus sīcut ego! tū es amīcus meus!

"Clusium est urbs magna.

"urbs Clusium tē et familiam defendet."

Lars Rōmānōs nōn amat.

Lars Rōmānīs īrātus est! Rōmānī amīcum Tarquinium odērunt! Rōmānī nōlunt Tarquinium esse rēgem!

Lars putat Rōmānōs esse malōs et horribilēs.

Lars Rōmam ōdit.

Lars:

"ego Rōmam ōdī!
ego Rōmānōs ōdī!
ego vōlō Rōmam capere!"

CAPITULUM VIII

Rōma

Rōma est urbs parva.

Rōma exercitum parvum habet.

rēx Lars exercitum magnum habet.

Lars: *hahahae! magnum exercitum habeō! parvus exercitus Rōmam cūstōdit! exercitus meus est fortior quam exercitus Rōmānus. difficile nōn erit capere Rōmam!*

prope urbem sunt puellae.

puellae sunt Rōmānae.

Lars: "mīlitēs, capite omnēs puellās Rōmānās."

mīlitēs Etruscī omnēs puellās capiunt. puellae clāmant et clāmant. nunc omnēs puellae sunt captīvae!

cīvēs Rōmānī vident puellās captīvas. sunt īrātī.

Lars: "**dā mihi**[28] urbem, ō Rōmānī. ego puellās Rōmānās habeō. dā mihi urbem et ego **reddam**[29] puellās."

---

[28] da mihi: *give to me*
[29] reddam: *I will return*

cīvēs: "minimē! tū nōn es Rōmānus! tū es rēx malus! Rōmānī rēgēs ōdērunt!"

Lars est īrātus. Lars Rōmam ōdit.

prope urbem est flūmen magnum. flūmen est magnum et longum. flūmen vōcātur Tiberis.

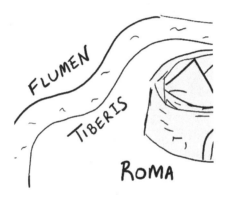

mīlitēs Etruscī: "ō rēx, flūmen est magnum! nōs **nōn possumus trānsīre**[30] flūmen!"

---

[30] non possumus transire: *(we) are not able to cross*

Lars: "ō Tarquinī, quōmodo nōs possumus trānsīre flūmen?"

Tarquinius: "trāns flūmen est pōns magnus.

"eāmus[31] ad pontem!"

Lars et Tarquinius et exercitus Etruscus eunt ad pontem. pōns magnus est. pons vōcātur Pōns Sublicius.

Lars: "ō mīlitēs, eāmus trāns pontem!"

in ponte sunt
mīlitēs Rōmānī.

---

[31] eamus: *let's go*

Rōmānī magnum exercitum nōn habent. exercitus Rōmānus est parvus. in ponte exercitus Rōmānus timet!

exercitus Etrūscus ad pontem it. mīlitēs Rōmānī Etruscōs timent et fugiunt!

Lars Rōmānōs fugientēs videt et gaudet.

Lars: "ecce, ō mīlitēs! Rōmānī Etruscōs timent! exercitus Romanus fugit ab exercitū Etruscō! exercitus Etruscus est magnus et fortis! exercitus Etruscus est fortior quam exercitus Rōmānus!"

in mediō ponte stat ūnus vir.

vir est magnus. vir est fortis.

vir ūnum oculum habet.

vir ūnō oculō ab exercitū Etruscō non fugit. vir ūnō oculō stat in ponte. vir ūnō oculō pontem dēfendit!

mīlitēs Etrūscī: "vir ūnō oculō pontem dēfendit!"

Lars: "quis est vir ūnō oculō?"

Tarquinius: "vir vōcātur Horātius Cōcles.

"Horātius est vir fortis. ēheu! Horātius pontem dēfendit. nōs nōn possumus pontem trānsīre."

Lars: "rīdiculum est! Horātius est ūnus vir! Horātius ūnum oculum habet!

"mīlitēs meī sunt fortēs.

"mīlitēs meī duōs oculōs habent!

"vir ūnō oculō nōn potest pontem dēfendere. ō mīlitēs, eāmus trāns pontem!"

CAPITULUM IX

Horātius

mīlitēs Etruscī clāmant et currunt ad pontem. Horātius Etruscōs nōn timet. Horātius est vir fortis, sed pontem dēfendit sōlus!

exercitus Etruscus est attonitus.

rēx Lars est attonitus.

ūnus vir sōlus pontem dēfendit. vir ūnō oculō nōn fugit. exercitus Etrūscus timet transire pontem!

Lars: "mīlitēs! mīlitēs! trānsīte pontem! trānsīte pontem et capite Rōmam!"

mīlitēs: "sed . . . sed . . . ō rēx . . . vir est fortis! difficile est trānsīre pontem!"

Lars est īrātus:

mīlitēs sunt timidī. mīlitēs Etrūscī ad pontem eunt. Horātius in mediō ponte stat immōbilis. Horātius vult pontem dēfendere et nōn fugit.

subitō Horātius clāmat:

mīlitēs Etrūscī sunt cōnfūsī. Lars cōnfūsus est.

Horātius: "DUO!"

Lars exercitum Etruscum spectat. exercitus Etrūscus pontem nōn trānsit, sed stat in ponte immōbilis.

Horātius: "ŪNUM! Rōmānī, **dēstruite**[32] pontem!"

mīlitēs Rōmānī pontem **destruunt.**[33]

---

[32]dēstruite: *destroy!*
[33] destruunt: *they destroy*

mīlitēs Etruscī timent! mīlitēs Etruscī fugiunt et clāmant. Horātius nōn fugit.

subitō est sonus magnus. pōns in flūmen **cadit**![34]

mīlitēs Etruscī sunt attonitī. Horātius cadit in flūmen!

Horātius cadit

    et cadit

        et cadit!

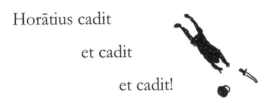

Lars est attonitus. Lars putat Horātium esse mortuum. sed subitō rēx videt figūram parvam in flūmine . . .

    . . . est Horātius!

---

[34] cadit: *falls*

Horātius nōn mortuus est! Horātius nōn est sub flūmine. Horātius ascendit ex flūmine et in terrā stat.

Horātius est victor!

in urbe Rōmānī gaudent. Lars et mīlitēs nōn gaudent. sunt īrātī.

Horātius:

"fugite, ō Etruscī malī! fuge, ō rēx stulte! Rōmānī rēgem nōn volunt! Rōmānī rēgēs ōdērunt!"

CAPITULUM X

nox

nox est.

rēx Lars est ānxius. rēx vult Rōmam capere, sed Rōmānī sunt fortēs.

est **mēnsa**.[35]

---

[35] mensa: *a table*

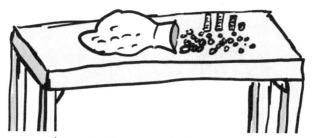

in mēnsā est pecūnia.

ad mēnsam[36] sedent et Lars et Titus. Titus vestēs purpureōs gerit.

mīlitēs Etrūscī pecūniam volunt. ūnus mīles ad mēnsam it.

Titus mīlitī pecūniam dat.

alius[37] mīles it ad mēnsam, deinde alius mīles, deinde alius. Titus pecūniam mīlitibus dat.

---

[36] ad mensam: *at the table*
[37] alius: *another*

rēx Lars omnia spectat ānxius. difficile est Rōmam capere!

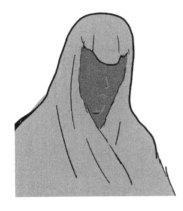

subitō ūnus vir ad mēnsam it.

vir nōn est mīles Etrūscus. vir vestēs **ātrās**[38] gerit.

Lars: "quis est vir?"

in manū virī est gladius!

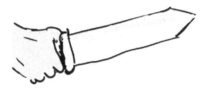

Titus gladium videt et clāmat! rēx surgit et est ānxius.

---

[38] atras: *black, dark*

vir clāmat:

"Rōmānī rēgēs ōdērunt!"

Lars:
vir est Rōmānus!

Titus magnā vōce clāmat! "Ahhhh!"

Titus in terrā est. in stomachō Titī est . . . gladius!

CAPITULUM XI

Gaius

ēheu!

Titus in terrā est.

mortuus est.

Lars: "Titus . . . Titus mortuus est! mīlitēs, capite virum."

vir fugit. vir est rapidus, sed mīlitēs Etrūscī sunt rapidiōrēs quam vir. vir est fortis, sed mīlitēs virum capit.

rēx Lars: "quis es tū?"

vir: "**vocor**[39] Gāius Mūcius. sum Rōmānus. quis es *tū?*"

---

vocor: *I am called*

Lars est attonitus. Gāius nescit Larem esse rēgem!

Lars: "quis ego sum? quis *ego* sum?! sum rēx!"

Gāius: "rīdiculum est! tū nōn es rēx! ego rēgem **cōnfōdī**![40] rēx mortuus est! ecce!"

Titus in terrā mortuus est. Titus et rēx Lars vestēs purpureōs gerunt.

Lars: "vir in terrā nōn est rēx."

Gāius: "quid?"

Lars: "tū nōn cōnfōdistī rēgem. tū scrībam meum cōnfōdistī!"

---

[40] confodi: *stabbed*

Gāius: "scrība? sed vir gerit vestēs pulchrās et splendidās!"

Lars est īrātus.

Lars: "Titus fuit amīcus meus! ō mīlitēs! interficite Gaium!"

mīlitēs gladiōs habent. gladiī mīlitum sunt longī. Gāius gladiōs videt, sed nōn timet.

Gāius: "vir fortis sum! vir Rōmānus sum! gladiōs nōn timeō! mīlitēs nōn timeō!

"ego rēgēs nōn timeō! ego volō interficere omnēs rēgēs! nōn sōlus sum. omnēs Rōmānī rēgēs ōdērunt.

Lars: "militēs! Gāium interficite!"

Gāius: "ō rex, **interfice mē!**[41] interfice mē et alius vir **veniet ut**[42] tē interficiat.

"deinde alius veniet . . .

". . . deinde alius.

"interficite mē, ō mīlitēs! ego nōn timeō! ecce!"

prope Gāium est **ignis**[43] magnus.

---

[41] interfice me: *kill me!*
[42] veniet ut: *will come to*
[43] ignis: *fire*

Gāius manum in igne pōnit.

mīlitēs Etruscī sunt attonitī.

rēx Lars est attonitus.

manus Gāī est in mediō igne, sed Gāius stat immōbilis et silēns.

Lars: "removē manum ab igne!"

manus Gāiī est immōbilis in igne. est silentium longum.

nunc Lars timet. *estne vir hūmānus . . . an magicus?*

Lars: "removē manum! removē manum ab igne!"

Gāius stat immōbilis. manus ab igne non removet.

Gāius: "Rōmānī rēgēs ōdērunt."

Lars: "tū es victor, ō vir īnsāne! es victor! removē manum et fuge!"

Gāius fugit.

Lars est attonitus. *Rōma est urbs parva, sed Rōmānī sunt fortēs.*

CAPITULUM XII

nūntium[44]

Tarquinius omnia spectant.

est īrātus.

Tarquinius nōn putat Rōmānōs esse fortēs. Tarquinius putat Etrūscōs esse **ignāvōs**[45]

Tarquinius: "Lars! ego volō capere Rōmam! volō esse rēx!"

Lars: "Rōmānī sunt fortēs! Rōmānī mīlitēs Etrūscōs nōn timent! difficile nōn est capere Rōmam!"

Tarquinius cōnsilium capit.

---

[44] nuntium: *a message*
[45] ignavos: *cowardly*

Tarquinius: "Rōmānī nōn sunt victōrēs. nōs sumus victōrēs!

"multae puellae Rōmānae sunt captīvae!

"ego cōnsilium cēpī!"

Lars: "quid est cōnsilium tuum?"

Tarquinius: "volō **mittere nūntium**[46] ad Rōmānōs."

Tarquinius tabellās habent.

Tarquinius stylum capit et multa scrībit in tabellīs.

Lars nōn videt quid Tarquinius scrībat. deinde Tarquinius tabellās claudit et nūntium mittit ad Rōmānōs.

---

[46] mittere nuntium: *send a message*

Lars et Tarquinius responsum exspectant. Rōmānī respōnsum nōn mittunt.

subitō Lars duōs virōs videt trāns flūmen. virī sunt Rōmānī.

ūnus vir ūnum oculum habet.

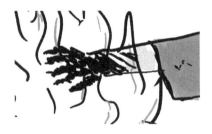

ūnus vir ūnam manum habet.

virī sunt Horātius Cōcles et Gāius Mūcius!

Tarquinius: "quid est respōnsum, ō Mūcī?"

Gāius: "ō Tarquinī, non sum Mūcius. ego posuī manum dextram in igne.

ignis manum dextram consūmpsit. nunc sum **scaevus**.[47] nunc ego sum **Scaevola**.[48]"

Tarquinius est impatiēns.

Tarquinius: "quid est respōnsum, ō Scaevola?"

Scaevola manum extendit ad flūmen.

in manū Scaevolae sunt tabellae.

Scaevola: "ecce respōnsum meum!"

Scaevola tabellās in flūmen iacit.

---

[47] scaevus: *left-handed*
[48] Scaevola: *"Left-handed," "Lefty"*

Horātius et Scaevola: "Rōmānī rēgēs ōdērunt!"

Lars: "ō Tarquinī, quid in tabellīs scrīptum est?"

Tarquinius: "ego scrīpsī:

'ō Rōmānī, aperīte portās, aut ego iaciam puellās captīvās in flūmen.'"

Lars est attonitus. *horrōrem! Tarquinius vult iacere puellās innocentēs in flūmen?*

Tarquinius: "ō mīlitēs! iacite puellās Rōmānās in flūmen!"

CAPITULUM XIII

Cloelia

Lars timet. Lars putat Tarquinium esse īnsānum. Lars putat cōnsilium Tarquiniī esse malum.

malum cōnsilium est iacere puellās in flūmen! puellae Rōmānae sunt innocentēs!

Lars "minimē! ō mīlitēs, nōlīte puellās in flūmen iacere! est cōnsilium malum! est cōnsilium horribile!"

Tarquinius: "mīlitēs! iacite puellās in flūmen!"

subitō ūnus mīles ad Tarquinium rapidē it.

mīles: "nōs nōn possumus iacere puellās in flūmen, ō rēx Tarquinī."

Tarquinius est attonitus.

Tarquinius: "difficile nōn est iacere puellās in flūmen! puellae nōn sunt magnae!

"IACITĒ PUELLĀS RŌMĀNĀS IN FLŪMEN!"

mīles: "nōn possumus iacere puellās in flūmen, ō rēx. puellae fūgērunt."

Tarquinius est attonitus.

"ō mīlēs stulte! puellae fūgērunt? quōmodo puellae poterant fugere?"

mīlēs: "erat ūna puella fortis.

"puella vōcātur Cloelia.

"Cloelia fūgit . . .

". . . et **dūxit**[49] aliās puellās trāns flūmen!"

Lars: "Cloelia dūxit puellās trāns flūmen?

"estne pōns trāns flūmen?"

---

[49] duxit: *led*

mīles: "minimē, nōn est pōns trāns flūmen. pōns in flūmen collāpsus est. Cloelia et puellae Rōmānae trāns flūmen **natāvērunt**.[50]"

Lars est attonitus.

flūmen Tiberis est magnum!

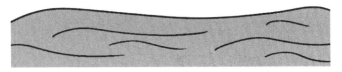

difficile est trānsīre flūmen!

mīlitēs Etrūscī fortēs nōn possunt trānsīre flūmen. sed puellae Rōmānae possunt! puellae Rōmānae sunt fortēs!

puellae Rōmānae sunt fortiōrēs quam mīlitēs Etrūscī.

---

[50] nataverunt: *swam*

Tarquinius: "ō rēx Lars, rapidē eāmus trans flūmen et capiāmus Rōmam!"

Lars: "minimē, impossibile est! Rōmānī sunt victōrēs. exercitus Etruscus nōn potest urbem Rōmam capere. ego volō domum īre.

"ō Tarquinī, eāmus Clūsium."

Tarquinius: "ō rēx stulte! est cōnsilium rīdiculum! tū es absurdus! volō Rōmam capere! volō esse rēx! cape Rōmam, ō rex stulte!"

Lars īrātus est.

Lars: "nōn sum stultus. nōn sum absurdus. tū nōn es amīcus meus. tū **iactūrus es**[51] puellās in flūmen! tū iactūrus es puellās *innocentēs* in flūmen! tū es rēx malus! et . . . tū es amīcus malus! fuge, ō Tarquinī."

Tarquinius nōn fugit, sed gladium capit.

Lars videt gladium et timet.
Tarquinius īrātus currit ad rēgem Larem.

Lars: "mīlitēs! mīlitēs!"

mīlitēs rēgem Larem audit et Tarquinium capit.

---

[51] iacturus es: *you were going to throw*

est sonus magnus. gladius Tarquiniī ad terram cadit. nunc Tarquinius est captīvus.

Lars: "nōn sum stultus, ō rēx male. tū es vir malus et horribilis."

nunc Tarquinius captīvus nōn īrātus est. Tarquinius regem Larem timet. Tarquinius timet gladiōs mīlitum Etruscōrum.

mīlitēs: "ō rēx Lars, rēx Tarquinius est captīvus. quid **agere vīs?**[52]"

Tarquinius vult fugere, sed mīlitēs Etrūscī sunt fortēs.

Lars cōnsilium capit.

Lars: "ō mīlitēs, iacite Tarquinium . . .

---

[52] agere vis? *do you want to do?*

". . . in flūmen."

EPILOGUS

nunc Lars Rōmam nōn ōdit. urbs Rōma et urbs Clūsium sunt amīcae. Lars putat Rōmānōs esse bonōs et fortēs.

Lars in turrī est.

sed nōn sōlus est. prope rēgem Larem est urna.

in urnā sunt **cinerēs**[53] Titī.

Titus fuit scrība Laris . . . et amīcus.

Lars in turrī sedet prope urnam.

Lars: "ō Tite, ego difficultātem habeō. difficultās est magna."

urna nōn respondet.

---

[53] cineres: *ashes*

quid est difficultās rēgis?

in turrī Lars potest vidēre urbem Clūsium. Lars cīvēs videt. cīvēs nōn gaudent.

cīvēs fābulam **audīvērunt**.[54]

Lars: "et quid est fābula? fābula est: cīvēs Rōmānī rēgem **expulsērunt**.[55] cīvēs Rōmānī erant fortiōrēs quam mīlitēs Etrūscī.

"ūnus Rōmānus pontem magnum dēfendit.

"ūnus Rōmānus scrībam rēgis interfēcit.

---

[54] audiverunt: *heard*
[55] expulserunt: *expelled*

". . . et manum in ignem posuit.

"puellae Rōmānae flūmen magnum trānsīvērunt.

"Rōmānī rēgēs ōdērunt."

urna nōn respondet.

Lars: "ō amīce, sum ānxius! quid volunt cīvēs Etrūscī? voluntne cīvēs Etrūscī *mē* expellere? cīvēs ōdērunt *mē*?"

Lars est suspīciōsus.

Lars vōcēs audit. multās vōcēs audit. vōcēs civium audit. vōcēs sunt magnae. vōcēs sunt . . . īrātae!

Lars: "ō Tite, ego timeō. ego nōlō exīre ex turrī meā. ego **timeō nē**[56] cīvēs mē ōderint.

---

[56] ego timeo ne: *I am afraid that . . .*

"ego timeō nē cīvēs **expulsūrī sint**[57] *mē*!"

Lars est captīvus in turrī. Lars sōlus in turrī sedet.

est sonus. multī cīvēs ianuam turris aperiunt.

Lars sōnum audit et timet.

Lars oculōs claudit . . .

. . . et **exspectat**[58] cīvēs.

FINIS

---

[57] expulsuri sint: *are going to expel*
[58] exspectat: *waits for, expects*

INDEX VOCABULORUM

A
ab: *from, away from*
absurdī: *absurd*
absurdus: *absurd*
āctūrus es: *are you going to do*
ad: *to, towards*
aliās: *other*
aliēnī: *foreign*
aliēnum: *foreign*
aliēnus
aliquis: someone
alius: other, another
amāmus: *we love*
amant: *they love*
amat: *s/he loves*
amātisne: *do you love?*
amīcae: *friends*
amīce: *friend*
amīcum: *friend*
amīcus: *friend*
an: *or*
annīs: *years*
annōs: *years*
annum: *year*
annus: *year*
antīquā: *old, ancient, antique*
ānxius: *anxious, worried*
aperit: *opens*
aperīte: *open!*
aperītur: *is opened*
aperta: *open*
aperuit: *opened*
aquā: *water*

ascendet: *will climb up, go up*
ascendit: *goes up, climbs up*
ātrās: *black, dark*
audīre: *to hear*
audīsne: *do you hear?*
audit: *s/he hears*
audiunt: *they hear*
audīvērunt: *they heard*
aut: *or*
autem: *however*

B
bona: *good*
bonōs: *good*
bonum: *good*
bonus: *good*

C
cadit: *falls*
caelō: *the sky*
campō: *field*
capere: *to capture, seize*
capiam: *I will capture, seize*
capit: *s/he captures, seizes*
capite: *capture! seize!*
capiunt: *they capture, they seize*
captīvae: *captives*
captīvās: *captives*
captīvus: *captive*
cēpī: *I seized, grabbed*
cēpit: *s/he grabbed, seized*
certē: *certainly*
cinerēs: *ashes*
cīvēs: *citizens*
cīvium: *of the citizens*
clāmant: *they shout*

clāmat: *s/he shouts*
claudit: *closes*
collāpsus est: *collapsed, fell down*
colloquium: *a conversation*
columnam: *column*
cōnfōdī: *I stabbed*
cōnfōdistī: *you stabbed*
cōnfūsī: *confused*
cōnfūsus: *confused*
cōnsilium: *plan*
cōnsulēs: *consuls*
cōnsūmptus: *consumed*
corōna: *crown*
corōnae: *crowns*
corōnam: *crown*
corōnās: *crowns*
cum: *with*
cūr: *why*
cūriōsus: *curious*
currit: *s/he runs*
currunt: *they run*
cūstōdēs: *guards*
cūstōdit: *s/he guards*
cūstōdīvī: *I guarded*
cūstōs: *guard*

D
dā: *give*
dat: *s/he gives*
dedī: *I gave*
dēfendam: *I will defend*
dēfendent: *they will defend*
dēfendere: *to defend*
defendesne: *will you defend?*
defendet: *s/he will defend*
dēfendit: *s/he defends*
dēfendite: *defend!*
deinde: *then, next*
dēstruite: *destroy!*
dēstruunt: *they destroy*
dextra: *right*
dextram: *right*
difficile: *difficult*
difficultātem: *difficulty*
dīxistī: *you said*
dīxit: *s/he said*
domum: *house, home*
duo: *two*
duōs: *two*
dūxit: *s/he led*

E
eāmus: *let's go*
eāsdem: *the same*
ecce: *look, behold*
ego: *I*
ēheu: *oh no!*
ēius: *his, her*
ēlēctī: *chosen, elected*
ēligit: *s/he chooses, elects*
ēligunt: *they elect*
erant: *they were*
erat: *was*
erit: *will be*
es: *you are*
esse: *to be*
esset: would be
est: *is*
et: *and*
Etrūscī: *Etruscans*
Etrūscōs: *Etruscans*
Etruscum: *Etruscan*
Etruscus: *Etruscan*
Etrūscus: *Etruscan*
eum: *him*
eunt: *they go*

ex: *out of, from*
exercitū: *army*
exercitum: *army*
exercitus: *army*
exīre: *to go out*
exit: *s/he goes out*
expellant: *(they) expel*
expellere: *to expel*
expulsērunt: *they expelled*
exspectant: *they wait*
exspectat: *s/he waits*
extendit: *extends*

F
fābula: *story*
fābulam: *story*
facere: *to do, to make*
facit: *s/he makes*
familia: *family*
familiam: *family*
fēminae: *women*
figūra: *a figure*
figūram: *a figure*
flūmen: *a river*
flūmine: *a river*
fortēs: *strong, brave*
fortior: *stronger, braver*
fortiōrēs: *stronger, braver*
fortis: *strong, brave*
fuge: *flee, escape*
fugere: *to flee, to escape*
fūgērunt: *they fled, they escaped*
fūgimus: *we fled, we escaped*
fugit: *s/he flees, escapes*
fugiunt: *they flee, escape*
fuit: *s/he was*
fūr: *thief*
fūrem: *thief*
fūrēs: *thieves*

G
gaudent: *they are happy*
gaudet: *he is happy*
generōsus: *generous*
gerimus: *we wear*
gerit: *s/he wears*
gerō: *I wear*
gerunt: *they wear*
gladiī: *swords*
gladiīs: *swords*
gladiōs: *swords*
gladium: *a sword*
gladius: *a sword*

H
habent: *they have*
habeō: *I have*
habēs: *you have*
habet: *s/he has*
habitant: *they have*
hominēs: *people*
horribile: *horrible*
horribilem: *horrible*
horribilis: *horrible*
horrifica: *horrific, scary*
horrificae: *horrific, scary*
horrificum: *horrific, scary*
horrōrem: *horror*
hostīlem: *hostile*
hostīlēs: *hostile*
hostīlis: *hostile*
hūc: *here, to this place*
hūmānus: *human*

I
iacere: *to throw*
iaciam: *I will throw*
iacit: *s/he throws*

iacite: *throw*
iactūrus: *about to throw,*
going to throw
iam: *now*
iānua: *door*
iānuam: *door*
igne: *fire*
ignem: *fire*
ignis: *fire*
immēnsa: *huge, immense*
immōbilēs: *immobile,*
unmoving
immōbilis: *immobile,*
unmoving
impossibile: *impossibile*
in: *in, on*
innocēns: *innocent*
innocentēs: *innocent*
inquit: *s/he said*
īnsāne: *insane*
īnsānum: *insane*
insciptum: *inscribed,*
written on
īnscrīptum: *inscribed,*
written on
interfēcit: *s/he killed*
interfice: *kill*
interficere: *to kill*
interficerem: *kill*
interficiat: *s/he kills*
interficiet: *will kill*
intrāre: *to enter*
intrāvit: *entered*
investīgandam: *(to)*
investigate
investīgant: *they*
investigate
investīgāre: *to investigate*
investīgat: *s/he*
investigates

iocum: *a joke*
īrātī: *angry*
īrātus: *angry*
īre: *to go*
it: *s/he goes*
Ītaliā: *Italy*

L

lentē: *slowly*
longē: *long, far*
longī: *long*
longum: *long*
longus: *long*
loquuntur: *they speak*

M

magicus: *magical*
magna: *large, big*
magnā: *large, big*
magnae: *large, big*
magnam: *large, big*
magnās: *large, big*
magnī: *large, big*
magnīs: large, big
magnōs: large, big
magnum: *large, big*
magnus: *large, big*
male: *bad*
malum: *bad*
malus: *bad*
manū: *hand*
manum: *had*
manus: *hand*
maximās: *largest, greatest*
mē: *me*
mea: *my*
meae: *my*
meam: *my*
meās: *my*
mediō: *middle*

meī: *my*
meīs: *my*
mēnsa: *table*
mēnsā: *table*
mēnsam: *table*
meō: *my*
meum: *my*
meus: *my*
mihi: *to me, for me*
mīles: *soldier*
mīlitēs: *soldiers*
mīlitī: *to the soldiers*
mīlitibus: *soldiers*
mīlitum: *of the soldiers*
minima: *the smallest*
minimam: *the smallest*
minimās: *they smallest*
minimē: *no*
mittere: *to send*
mittit: *s/he sends*
mittunt: *they send*
mōnstrum: *monster*
mortuum: *dead*
mortuus: *dead*
movet: *s/he moves*
mox: *soon*
multa: *many*
multae: *many*
multās: *many*
multī: *many*
multōs: *many*
multum: *many*

N

natāvērunt: *they swam*
nesciō: *I don't know*
nescit: *s/he doesn't know*
nōlī: *don't*
nōlīte: *don't*
nōlō: *I don't want*

nōn: *not*
nōs: *we*
nox: *night*
nūbe: *a cloud*
nūbem: *a cloud*
nūbēs: *a cloud*
nunc: *now*
nūntium: *a mesage*

O

ō: *oh!*
oculī: *eyes*
oculō: *eye*
oculōs: *eyes*
oculum: *eye*
ōderint: *they hate*
ōdērunt: *they hate*
ōdit: *s/he hates*
omnēs: *all*
omnia: *all*
omnibus: *all*

P

parva: *small*
parva: *small*
parvam: *small*
parvās: *small*
parvum: *small*
parvus: *small*
pecūnia: *money*
pecūniae: *money*
pecūniam: *money*
phantasma: *ghost*
pōnit: *s/he puts*
pōns: *bridge*
ponte: *bridge*
pontem: *bridge*
pontī: *bridge*
portās: *gates*
possible: *possible*

possumus: *we are able*
possunt: *they are able*
post: *after*
posuerit: *s/he placed*
posuī: *I placed*
posuit: *s/he placed*
potest: *s/he is able*
prope: *near, next to*
puella: *girl*
puellae: *girls*
puellās: *girls*
pulchrās: *beautiful*
purpureās: *purple*
purpureōs: *purple*
putat: *s/he thinks*
putō: *I think*

Q

quālem: *what kind of*
quam: *which*
quid: *what*
quis: *who*
quōmodo: *how*
quoque: *also*
quot: *how many*

R

rapida: *rapid, quick*
rapidē: *rapidly, quickly*
rapidiōrēs: *quicker, faster*
rapidus: *fast, quick*
reddō: *I pay, return*
rēge: *king*
rēgem: *king*
rēgēs: *kings*
rēgis: *of the king*
removē: remove
respondent: *they answer, respond*
respondet: *answers, responds*
respondit: *answers, responds*
respōnsum: *answer, response*
rēx: *king*
rīdent: *they laugh*
rīdet: *s/he laughs*
rīdiculam: *ridiculous*
rīdiculum: *ridiculous*
Rōma: *Rome*
Rōmae: *at Rome*
Rōmam: *to Rome*
Rōmānae: *Roman*
Rōmānās: *Romans*
Rōmānī: *Romans*
Rōmānōs: *Romans*
Rōmānus: *Roman*

S

salvē: *hello*
scaevus: *left-handed*
scībam: *scribe*
scrība: *scribe*
scrībam: *scribe*
scrībat: *s/he writes*
scrībit: *s/he writes*
scrībō: *I write*
scrīpsī: *written*
scrīptum: *written*
sē: *himself, herself*
sed: *but*
sedent: *they sit*
sedet: *s/he sits*
sīcut: *just as, like*
silēns: *silent, quiet*
silentium: *silents*
similēs: *similar, like*
sit: *is, may be*
sōlus: *alone*

sonum: *sound*
spectant: *they watch*
spectat: *s/he watch*
splendida: *splendid, bright*
splendidās: *splendid, bright*
splendidus: *splendid, bright*
stant: *they stand*
stat: *s/he stands*
stomachō: *stomach*
stulte: *stupid, foolish*
stultī: *stupid, foolish*
stultus: *stupid, foolish*
stylum: *stylus*
sub: *under*
subitō: *suddenly*
sum: *I am*
sūmit: *s/he picks up*
summum: *the top of*
sumus: *we are*
sunt: *they are*
surgit: *s/he rises, stands up*
suspīciōsus: *suspicious*

T
tabellae: *tablets*
tabellās: *tablets*
tabellīs: *tablets*
tē: *you*
tenet: *s/he holds*
terrā: *land, earth*
terram: *land, earth*
terrōre: *with terror, fear*
tibi: *to you, for you*
timent: *they fear*
timeō: *I fear*
timet: *s/he fears*
timidī: *timid, scared*
timidus: *timid, scared*

trāns: *across*
trānseunt: *they go across*
trānsīre: *to go across*
trānsīte: *go across!*
trānsīvērunt: *they went across*
tremit: *shakes, trembles*
trēs: *three*
tū: *you*
tuī: *your*
tuīs: *your*
turrī: *tower*
turrim: *tower*
turris: *tower*
tuum: *your*

U
ubi: *where*
ūna: *one*
ūnam: *one*
ūnō: *one*
ūnum: *one*
ūnus: *one*
urbe: *the city*
urbem: *the city*
urbis: *of the city*
urbs: *the city*
urna: *urn*
urnā: *urn*
urnam: *urn*
ut: *so that*

V
venī: *come!*
vēnī: *I came*
veniet: *s/he will come*
venit: *s/he comes*
venīte: *come!*
vestēs: *clothes*
vestibus: *clothes*

victor: *victor, winner*
victōrēs: *victors, winners*
vident: *they see*
vidēre: *to see*
videt: *s/he sees*
vir: *man*
virī: *men*
virō: *man*
virōs: *men*
virum: *man*
visitāre: *to visit*
vocat: *s/he calls*

vocātur: *is called*
vōce: *voice*
  magnā vōce: *in a loud voice, loudly*
  parvā vōce: *in a quiet voice, quietly*
vōcem: *voice*
vōcēs: *voices*
volō: *I want*
volunt: *they want*
vōx: *voice*
vult: *s/he wants*

THE *FAMILIA MALA* SERIES
FROM COMPREHENSIBLE CLASSICS

FAMILIA MALA: SATURNUS ET IUPPITER
Level: Beginner

They're the original dysfunctional family! Rivalry! Jealousy! Poison! Betrayal! Gods! Titans! Cyclopes! Monsters! Magical Goats!

Read all about the trials and tribulations of Greek mythology's original royal family! Suitable for all novice Latin readers.

DUO FRATRES: FAMILIA MALA VOL. 2
Level: Beginner

Sibling Rivalry! Jealously! Theft! Fire! War! Robots! Volcanos! Man-Eating Vultures! . . . And the world's first brain surgery!

After the great war between the Titans and the gods, Titan brothers Prometheus and Epimetheus engaged in a dangerous game of sibling rivalry that escalates into betrayal, theft, and the punishment of the gods in this sequel to *Familia Mala: Saturnus et Iuppiter*.

PANDORA
FAMILIA MALA VOL. 3
Level: Beginner

Jealousy! Treachery! Mysteries! Love Triangles! Pigs! Weddings! Magic Potions! Volcanos! Evil Spirits! Mechanical Frogs! And more!

Those crazy Olympians weak havoc in heaven and earth in this action-packed third installment of the *Familia Mala* series based on the ancient myth of Pandora.

FILIA REGIS ET MONSTRUM HORRIBILE
Level: Beginner/Intermediate

Originally told by the Roman author Apuleius, this adaptation of the myth of Psyche is an exciting fantasy adventure, full of twists, secrets, and magic. The reader will also find many surprising connections to popular modern fairy tales, such as "Cinderella," "Snow White," and "Beauty and the Beast"

LABYRINTHUS
Level: Beginner
Unique Word Count: 125 (40 cognates)

Princess Ariadna's family is . . . well . . . complicated. Her father Minos, king of Crete, ignores her. Her mother is insane. Her half-brother is a literal monster—the Minotaur who lives deep within the twisting paths of the Labyrinth. When a handsome stranger arrives on the island, Ariadna is faced with the ultimate choice: should she stay on the island of Crete, or should she abandon her family and her old life for a chance at escape . . . and love? This novella is adapted from Ovid's *Metamorphoses* and Catullus' "Carmen 64," and is suitable for all novice readers of Latin.

EGO, POLYPHEMUS
Level: Beginner

Polyphemus the Cyclops' life is pretty simple: he looks after his sheep, hangs out in his cave, writes (horrible) poetry, eats his cheese . . . until one day a ship arrives on his peaceful island, bringing with it invaders and turning his peaceful world upside down.
Based on the works of the Vergil and Ovid, this novella is suitable for all beginning readers of Latin.

Don't miss these other thrilling Comprehensible Classics titles for intermediate Latin readers!

VOX IN TENEBRIS
Level: Beginner/Intermediate

Lucanus, a Roman citizen travelling through Greece, has a big problem: he is far from home, broke, and desperate to make some quick money. A job opportunity soon comes his way, with a big reward: one hundred gold coins! The catch? Lucanus has to stay up all night with the dead body of a prominent citizen. Luccanus takes the job, even though he has heard the stories that citizens of the town whisper: tales of witches, ruthless and bloodthirsty, who wander the streets after the sun the sun goes down.

VIA PERICULOSA
Level: Beginner/Intermediate

Niceros is a Greek slave on the run in ancient Italy, avoiding capture and seeking his one true love, Melissa. However, a chance encounter at an inn sets in motion a harrowing chain of events that lead to murder, mayhem, mystery, and a bit of magic. *Via Periculosa* is loosely adapted from the Roman author Petronius.

PUER EX SERIPHO

VOL. 1. PERSEUS ET REX MALUS
VOL 2: PERSEUS ET MEDUSA

Level: Intermediate

On the island of Seriphos lives Perseus a twelve-year-old boy, whose world is about to be turned upside down. When the cruel king of the island, Polydectes, seeks a new bride, he casts his eye upon Perseus' mother, Danaë. The woman bravely refuses, setting in motion a chain of events that includes a mysterious box, a cave whose walls are covered with strange writing, and a dark family secret.

Puer Ex Seripho is a gripping two-part adventure based on the Greek myth of Perseus.

Made in the USA
Middletown, DE
07 October 2023

40423086R00056